Judith Allert

Silbengeschichten zum Lesenlernen

Einhorngeschichten

Illustriert von Julia Ginsbach

Ihre Meinung zählt!

Nehmen Sie jetzt an einer kurzen Elternbefragung
des Loewe Verlags teil und beeinflussen Sie
die zukünftige Entwicklung unserer Kinderbücher:

www.elternbefragung.online

FSC
www.fsc.org
MIX
Papier | Fördert
gute Waldnutzung
FSC® C018236

ISBN 978-3-7432-1094-3
Überarbeitete Neuausgabe
2. Auflage 2024
© 2008, 2021 Loewe Verlag GmbH, Bühlstraße 4, D-95463 Bindlach
Umschlagillustration: Naeko Ishida
Innenillustrationen: Julia Ginsbach
Umschlaggestaltung: Jennifer Wunderwald
Druck und Bindung:
Drukarnia Dimograf Sp. z o.o., ul. Legionów 83, 43-300 Bielsko-Biala, POLEN

www.loewe-verlag.de

Inhalt

Ein böser Drache?

Emmi, das Einhornmädchen,

hat sich im Zauberwald verlaufen.

Sie kennt sich gar nicht mehr aus!

Emmi fühlt sich furchtbar einsam.

Doch was ist das?

Aus einer nahen Höhle hört Emmi

ein schauderhaftes Schnarchen.

Gespannt folgt sie dem Geräusch.

Ein wenig ängstlich lugt Emmi

in den Höhleneingang.

Plötzlich streckt

ein riesiger Drache

seine Schnauze heraus.

„Mmh, lecker, Frühstück!",

grummelt das Monster erfreut.

Grinsend schielt es auf ihr Horn.

„Und der Zahnstocher

ist gleich mit dabei!"

Da wird Emmi richtig wütend.

Ihre Furcht ist wie weggeblasen.

„Du qualmender Quasseldrache!

Weißt du nicht,

wie selten Einhörner sind?"

„Mir doch egal!",

faucht die Bestie.

Eine Flamme züngelt

aus dem mächtigen Maul.

Emmi springt beiseite.

„Pah! Das kann ich viel besser!",

ruft sie mutig

und pustet dem Drachen

ihren Zauberatem entgegen.

Plötzlich zischt es,

und das riesige Untier

beginnt zu schrumpfen.

Immer kleiner und kleiner wird es.

Bis es nur noch

ein netter grüner Drache ist.

Aus seiner Kehle

steigt jetzt rosaroter Rauch.

„Kann ich dir helfen,

liebes Einhorn?",

säuselt der Drache

mit honigsüßem Lächeln.

„Ich hab mich verlaufen!",
seufzt Emmi.
„Kein Problem! Ab jetzt
bin ich nämlich dein Drachentaxi!"
Sanft hebt er Emmi hoch,
damit sie auf seinen Rücken
steigen kann.
„Alle angeschnallt?",
fragt der Drache schmunzelnd.

„Alles klar", antwortet Emmi
ein wenig aufgeregt.
Schließlich reitet sie ja
nicht jeden Tag
auf einem Drachen.
„Dann nichts wie los
in den Zauberwald!", ruft er.
Und von nun an weicht
Emmis neuer Drachenfreund
nicht mehr von ihrer Seite!

Das Zweihorn mit dem Zauberschweif

Sternchen, das kleine Einhorn,
traut seinen Augen nicht!
Auf einer Blumenwiese
steht ein riesiges
braun geflecktes Ungetüm.
So ein Tier hat Sternchen
noch nie gesehen!

„Wer bist du denn?",

fragt das Einhorn erstaunt.

„Ich heiße Berta!", sagt das Wesen.

Es hört sich eigentlich

ganz freundlich an.

„Und du bist bestimmt

ein Mini-Nashorn", meint Berta.

Sternchen erwidert ganz empört:

„Mein Name ist Sternchen,

und ich bin ein Einhorn!"

17

Berta überlegt angestrengt.

Sie senkt den Kopf

und zeigt ihre beiden Hörner.

„Dann muss ich wohl

ein Zweihorn sein!

Dabei habe ich immer gedacht,

ich wäre eine Kuh!",

muht Berta verwundert.

18

„Dann sind wir ja verwandt!",
jubelt Sternchen begeistert.
„Komm doch mal mit
in den zauberhaften Einhornwald!"
Da schnieft Berta traurig:
„So weit können mich
meine kurzen Beine
bestimmt nicht tragen!"
„Na, dann flieg doch!"

Berta sieht Sternchen

mit großen Augen fragend an.

Da zwinkert Sternchen einmal.

Schon dreht sich Bertas Schwanz

flink wie ein Propeller!

„Jetzt hast du

einen Zauberschweif!"

Die dicke Berta staunt

nicht schlecht!

Da hebt sie auch schon

vom Boden ab

und düst los wie eine Rakete.

„Aus dem Weg!

Hier kommt die dicke Berta!",

muht sie begeistert.

„Lustig sind sie,
diese Zweihörner!",
kichert Sternchen
und fliegt hinter Berta her.
„Hoffentlich weiß Berta auch,
wo bei ihr die Bremse ist!"

Wie im Traum

Mona liegt auf ihrem Bett
und schmökert
in einem Märchenbuch.
Draußen toben und grölen
die Nachbarskinder.
Aber Mona will nicht
mit ihnen spielen.

Die lachen sie ja doch nur aus,

wenn sie

von magischen Zauberwesen

schwärmt.

Heute liest Mona eine Geschichte

über ein schneeweißes Einhorn.

„Hätte ich doch auch so eins!",

seufzt Mona.

„Dann würde keiner mehr

über mich lachen."

Verträumt schließt sie

ihre Augen.

In diesem Moment hört Mona

ein seltsames Geräusch.

Es klingt wie leises Hufgetrappel!

Sie lauscht angestrengt.

Ganz deutlich hört sie

von draußen ein Wiehern.

Sie stürmt schnell aus dem Zimmer.

Im Garten bleibt sie
staunend stehen.
Mitten auf dem Rasen
steht ein schneeweißes Einhorn!
Es hat eine silberne Mähne,
und sein Horn funkelt
wie tausend Diamanten.
Freundlich bläht es seine Nüstern.
Langsam geht Mona
auf das Einhorn zu.

Magisch angezogen
klettert sie hinauf.
Das Einhorn wiehert fröhlich
und trabt leicht wie eine Feder
zu den Nachbarskindern.
Staunend schauen sie Mona an.
„Was ist denn das
für ein tolles Pferd?",
fragen sie mit großen Augen.
„So eins wollen wir auch!"

Da kichert Mona:

„Vielleicht solltet ihr auch mal

ein Märchenbuch lesen!"

Dann stürmen die beiden

im Galopp davon.

Nur eine glitzernde Staubwolke

bleibt zurück.

„Das ist ja wie im Traum",
flüstert Mona leise.
Die Nachbarskinder aber
reiben sich noch lange
verwundert die Augen.

Besser als Achterbahn!

Simon ist mit seiner Mutter
auf dem Rummelplatz.
Er will unbedingt
mit der Achterbahn fahren!
Doch Mama erlaubt ihm
nur eine Runde Kinderkarussell.
Und darauf ist bloß ein
pinkfarbenes Einhorn frei!

Mama drängelt Simon,

dass sie bald nach Hause müssen.

Also klettert er

auf das Einhorn.

„Das ist doch was

für kleine Mädchen!", murrt er.

„Von wegen!",

kichert das Einhorn leise.

„Du kannst reden?",

fragt Simon völlig verdutzt.

„Nicht nur das!

Ich kann auch fliegen!"

Und schon hebt das Zauberwesen

vom Boden ab.

Erschrocken krallt sich Simon

in seiner Seidenmähne fest.

„Keine Angst",

flüstert das Einhorn,

„bei mir kann dir nichts passieren!"

„Stehen geblieben!",
ruft da der Kartenkontrolleur
und packt das Einhorn
an seinem Glitzerschweif.
„Nix da! Ich will nicht mehr
im Kreis fahren",
ruft das Fabeltier.

Das Einhorn saust mit Simon
und dem Kartenkontrolleur
schnurstracks in den Himmel.
Eine Wolke aus Glitzerstaub
zieht hinter ihnen her.
Der wütende Kartenkontrolleur
zappelt hilflos mit den Beinen.
„Lass mich runter!", brüllt er.

„Bitte sehr!", lacht das Einhorn
und lässt ihn geradewegs
in einen Achterbahn-Waggon
plumpsen.
„Jippie!", johlt Simon.
„Das macht Spaß!"
„Lust auf was Süßes?",
fragt das Einhorn und fliegt
mitten durch eine weiße Wolke.

Ruck, zuck verwandelt sie sich
in allerfeinste Zuckerwatte.
„Mmmh, lecker!", schmatzt Simon.
„Das hier ist doch
tausend Mal besser
als Achterbahn fahren!",
lacht Simon glücklich.

Großstadt-Hokuspokus

Heute ist Winnie,

der kleine Einhornhengst,

zum ersten Mal

in der großen Stadt.

Alles lärmt und leuchtet

in den lautesten Tönen

und den buntesten Farben!

Winnie weiß gar nicht,

wo er zuerst hinsehen soll.

Aber die Leute,

die ihm begegnen,

findet Winnie seltsam.

Alle schauen griesgrämig zu Boden

und eilen hektisch

an ihm vorbei.

Das kleine Einhorn bemerken sie

überhaupt nicht.

„Lach doch mal!",

sagt Winnie nun freundlich

zu einem telefonierenden Mann.

„Keine Zeit!",

zischt der nur zornig.

Er blickt Winnie

gar nicht richtig an.

Da wispert dieser

etwas in sein Ohr:

„Hokuspokus Zauberhorn,

mit Obst verscheucht man

allen Zorn!"

Schwups!,

hat sich das Handy

in eine Banane verwandelt!

Jetzt werden doch

einige Leute aufmerksam.

Rings um den Mann

mit dem Bananentelefon

kichern alle.

„Ein richtiges magisches Einhorn?
Und mitten in der Stadt?",
wundert sich nun der Mann.
„Kaum zu glauben!"
Winnie lacht wiehernd.
Jetzt zeigt Winnie,

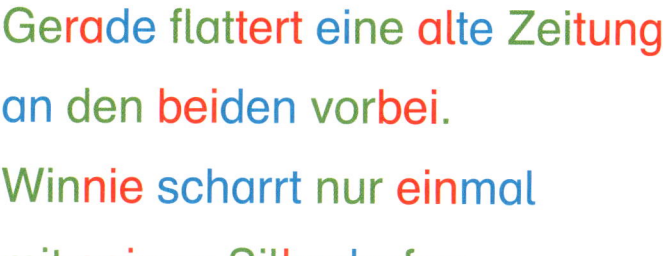

was er alles kann.
Gerade flattert eine alte Zeitung
an den beiden vorbei.
Winnie scharrt nur einmal
mit seinen Silberhufen.

Jetzt ist die Zeitung

ein bunter Papagei!

„Oh, wie zauberhaft!",

ruft der Mann begeistert.

Winnie zwinkert verschmitzt.

Glitzernde Funken sprühen

über den Fußweg,

und der graue Asphalt

wird zu einer bunten Blumenwiese.

Der Mann macht es sich

im saftigen Gras gemütlich.

„Das Büro kann ruhig
mal warten!",
seufzt er zufrieden
und murmelt:
„Was einem alles entgeht,
wenn man es immer
so eilig hat!"

Mehr als eine Zeitungsmeldung

„Erzähl mir doch mal

ein Märchen!", bettelt Franziska.

„Keine Zeit!",

murmelt Papa in der Hängematte.

Er verkriecht sich lieber

hinter seiner Zeitung.

„Dann spiel ich eben

Urwaldforscher im Garten",

sagt Franzi ein wenig trotzig.

Die große Hecke wird jetzt

zu einem wilden Dschungel,

und die Nachbarskatze

verwandelt sich

in einen lauernden Löwen.

Franzi beobachtet ihn

mit scharfem Blick.

Doch die wilde Bestie

ergreift die Flucht,

als es im Gebüsch

gefährlich knistert.

Irgendetwas schimmert
durch die dichten Blätter!
Leise schleicht sich Franzi an.
Vor Aufregung
traut sie sich kaum zu atmen.
Franzi kann nicht glauben,
was sie da sieht!
Mitten in den Rosen
steht ein Einhorn!

Mit seinen purpurnen Augen
blickt es sie freundlich an.
„Papa, Papa!",
flüstert Franzi aufgeregt.
„Da steht ein …"
„Ja, ja, schon gut",
unterbricht Papa sie
und widmet sich wieder
seiner Zeitung.

„Ich weiß, du hast
eine blühende Fantasie."
Aber Franzi hört gar nicht hin.
Langsam geht sie
auf das Einhorn zu.
„Steig auf!
Wir machen einen Rundflug
durch die Nachbarschaft!",
wispert es.

Das Einhorn ist wunderschön.

Sanft berührt Franzi

das seidig schimmernde Fell.

Federleicht schwingt Franzi sich

auf seinen Rücken.

„Ich bin mal kurz weg!",

ruft sie ihrem Vater zu.

„Aber zum Abendessen

bist du zurück!",

brummt Papa hinter der Zeitung.

Er liest gerade

die Schlagzeile des Tages:

„Sensation!

Fliegendes Einhorn

über der Stadt!"

Er schüttelt den Kopf:

„Immer diese

Sensationsmeldungen!

Wer ist denn so doof

und glaubt so was?"

Prinz Christopher hat es eilig

Prinz Christopher hat es heute
schrecklich eilig.
Er muss schleunigst
zu Prinzessin Pauline,
um ihr seine Liebe zu gestehen!
Sonst bekommt sie
Graf Grässlich zum Mann.

Und der,

das weiß Christopher genau,

will nur Paulines Geld!

Prinz Christopher gibt Rudi,

seinem Rappen, die Sporen.

Doch der Wald ist so dicht,

dass Christopher

kaum hindurchkommt.

Die Äste zerreißen

Christophers edles Gewand,

und die Dornen piken fürchterlich!

Plötzlich stemmt Rudi stur

seine Hufe in den Boden.

Am Wegesrand steht

eine silberne Einhornstute!

Ihr Horn glänzt heller

als die Morgensonne.

Rudi hat nur noch Augen

für das zauberhafte Tier.

Und staunend

bleibt auch Christopher

der Mund offen stehen.

Dann reißt er seinen Blick los.

„Wir müssen doch weiter!",

jammert der Prinz kläglich.

„Graf Grässlich darf

Pauline nicht heiraten!"

Das Einhorn scheint

Christopher zu verstehen.

Denn jetzt scharrt es

mit seinen goldenen Hufen.

Schon weicht

das Gestrüpp beiseite,

und die Dornen werden

zu saftigen Beeren.

Prinz Christopher staunt.

Das Einhorn galoppiert los.

Blind vor Liebe

stolpert Rudi hinterher.

Sie gelangen

zu einem traumhaften Schloss.

Die geliebte Prinzessin

tritt plötzlich aus dem Tor.

„Mein Einhorn!

Du hast es mir zurückgebracht!",

flötet Pauline Christopher

glücklich entgegen.

Schnell springt er

aus dem Sattel.

Pauline gibt dem Prinzen

einen Kuss.

„Dafür sollst du

mein Bräutigam sein!"

Christopher strahlt Pauline

sprachlos an.

Rudi wiehert begeistert.

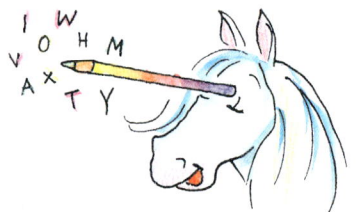

Judith Allert wurde 1982 in Lichtenfels geboren. Sie hat schon immer sehr viel gelesen, gerade auch Kinderbücher. So ist es nicht verwunderlich, dass sie sich vornahm, selbst Kinderbücher zu schreiben. Nach ihrem Abitur verfolgte Allert dann zunächst ein anderes Ziel: Tiermedizin zu studieren. Doch schon bald wurde ihr nur zu klar, dass sie sich dem Schreiben, Lesen und schließlich auch dem Studium der Literatur widmen wollte. Deshalb studierte sie Neuere Deutsche Literaturwissenschaft, Linguistik und Soziologie. Schon bald entstanden ihre ersten Geschichten für Kinder und Jugendliche.

Julia Ginsbach wurde 1967 in Darmstadt geboren. Nach ihrer Schulzeit studierte sie Musik, Kunst und Germanistik. Heute arbeitet sie als freie Illustratorin und lebt mit ihrer Familie und vielen Tieren auf einem alten Pfarrhof in Norddeutschland.

Mit bunten Silben lesen lernen

Viele spannende und schöne Geschichten zu beliebten Themen erleichtern Ihrem Kind den Start in die Welt der Buchstaben. Die große, gut lesbare und bunte Schulbuchschrift macht Spaß und führt rasch zum ersten Leseerfolg!

In diesem Band sind alle Wörter in farbig markierte Buchstabengruppen, die Sprechsilben, unterteilt. So sind sie für Erstleser einfacher und schneller zu erfassen. Schon Vorschulkinder teilen ein Wort beim Sprechen intuitiv in Silben auf. Durch die farbigen Markierungen der Silben ist es für Kinder viel leichter, die richtige Einteilung auch in geschriebenen Wörtern zu erkennen und den Sinn der Wörter zu begreifen. Auf diese Weise lernen sie schnell, flüssig und fehlerfrei zu lesen.

Zahlreiche bunte Bilder sorgen zusätzlich für Abwechslung und ermöglichen kleine Pausen. Die klare Zuordnung der Bilder zum Geschehen in den Geschichten unterstützt das Textverständnis. So kommen auch weniger geübte Leser schnell zu einem Erfolgserlebnis und Lesen wird zum Kinderspiel!

Noch mehr Silbengeschichten zum Lesenlernen

ISBN 978-3-7432-1397-5

ISBN 978-3-7432-0504-8

ISBN 978-3-7432-0451-5

ISBN 978-3-7432-0347-1

ISBN 978-3-7432-1175-9

ISBN 978-3-7432-1187-2

ISBN 978-3-7432-1188-9

ISBN 978-3-7432-1797-3